AF501045

H. REMY DE SIMONY

L'EXPULSION

DES

PRINCES D'ORLÉANS

ET

LA PRESSE RÉPUBLICAINE

« Il faut dire que cette royauté française a été si hautement nationale, qu'après sa chute la nation a pu encore se tenir sans elle. »

RENAN. *Discours prononcé à la Sorbonne.* Mars 1882.

« C'est un grand mal dans un pays quand la loi ordonne ce que l'honneur défend. »

DE MARTIGNAC.

BAYONNE

IMPRIMERIE-LIBRAIRIE LASSERRE

Rue Gambetta, 20

1886

H. REMY DE SIMONY

L'EXPULSION

DES

PRINCES D'ORLÉANS

ET

LA PRESSE RÉPUBLICAINE

« Il faut dire que cette royauté française a été si hautement nationale, qu'après sa chute la nation a pu encore se tenir sans elle. »

RENAN. *Discours prononcé à la Sorbonne.* Mars 1882.

« C'est un grand mal dans un pays quand la loi ordonne ce que l'honneur défend. »

DE MARTIGNAC.

BAYONNE

IMPRIMERIE-LIBRAIRIE LASSERRE

Rue Gambetta, 20

1886

A mon Confrère et Maître

M. Auguste Boucher

Respectueux hommage

22 Juin 1886.

DEUX MOTS

EN GUISE DE PRÉFACE

Quand, pour la seconde fois, au lendemain du mariage de S. A. R. Madame la princesse Amélie d'Orléans, la question de l'expulsion des Princes fut portée devant le Parlement, la plupart des journaux républicains, se rendant compte de la réprobation que soulèverait dans le pays l'iniquité de la mesure demandée par le journal La Lanterne *et consentie par le président du conseil, essayèrent de diminuer les hommes que l'on allait frapper, en accumulant autour de leur passé une légende dont le moindre tort est d'avoir été cent fois démentie.*

Ayant eu occasion de montrer l'inanité de ces attaques et d'établir, par une suite de documents officiels, la mauvaise foi déployée par nos adversaires, nous avons pensé qu'il serait utile de réunir, en les coordonnant, les divers articles écrits par nous sur cette question.

Nous ne sommes ici, bien entendu, que l'écho affaibli de voix plus autorisées. Mais, qu'importe le rang auquel on a l'honneur de combattre, si les coups de feu que l'on tire doivent contribuer au gain de la bataille et hâter l'heure du triomphe définitif?

H. R. DE S.

I

Il était de bon ton, jadis, dans certaine presse, d'opposer à ce qu'on appelait l'autoritarisme étroit de M. le comte de Chambord, les idées libérales des princes de la famille d'Orléans.

On les appelait les princes citoyens ou encore les princes bourgeois : on vantait leur esprit moderne, leur simplicité, leur abord facile, leur culture intellectuelle, leur héroïsme sur les champs de bataille, leur remarquable connaissance des hommes et des choses... que sais-je encore?...

On déclarait bien, à la vérité, n'en vouloir pas pour souverains; mais on leur faisait des avances... Le comte de Chambord vivait!...

Comment se fait-il qu'aujourd'hui ces mêmes princes, jusque-là respectés par leurs adversaires, soient l'objet des attaques les plus passionnées? par quel miracle surtout des feuilles républicaines libérales qui, il n'y a pas si longtemps, leur rendaient encore justice, s'associent-elles, au moins par leur silence, aux calomnies dont les feuilles radicales et opportunistes se sont fait en ces derniers temps une triste spécialité?

L'explication est des plus simples :

M. le comte de Paris, hier encore simple citoyen, est aujourd'hui prétendant, ou considéré comme tel : lorsque, le 3 septembre 1883, à Goritz, devant quatre mille Français qui avaient fait deux cents lieues pour ce rendez-vous de l'honneur national, M. le comte de Paris refusa de marcher le second, voire même le troisième, après les princes étrangers, il prit possession par là même de la succession de Louis XIV.

C'est à ce moment que pour la première fois on réclama dans la presse l'expulsion des princes, et qu'on sortit, pour les besoins de la cause, les rengaînes, passablement démodées des millions soi disant réclamés au lendemain de la guerre — ce qui est archi-faux! — du manque de bravoure des d'Orléans — ce qui est simplement grotesque — et enfin des alliances étrangères contractées par la famille royale.

De ces trois griefs, un seul méritait l'examen, parce qu'il constituait une erreur historique au premier chef, et qu'il tendait sinon à déshonorer des princes au dessus de telles attaques, du moins à faire retomber sur leurs têtes les conséquences fâcheuses d'un odieux malentendu.

Aussi, l'attaque s'était à peine produite que la riposte suivait, et que M. Bocher, si nos souvenirs sont exacts, adressait au *Siècle* les remarquables articles qui sont encore dans toutes les mémoires.

Nos adversaires s'inclinèrent-ils devant la réalité ? et eux, qui font sonner si haut les prérogatives de l'histoire, reconnurent-ils son verdict ?

Ce serait bien mal connaître nos modernes libérâtres que de leur supposer une telle grandeur d'âme....!

De l'école de Voltaire, ils estimaient la veille que le mensonge est une arme facile ; ils l'ont ressaisie le lendemain.

Et c'est alors, qu'à intervalles réguliers, nous avons vu la *République française* et l'*Intransigeant*, sans oublier le *Temps* — toutes les couleurs de l'arc-en-ciel républicain —, servir à leurs lecteurs les bourdes inqualifiables dont nous parlions tout à l'heure, et dont, tant de fois, il a été fait bonne justice.

Aujourd'hui, grâce à certaines circonstances que nos lecteurs connaissent, grâce surtout à l'alliance royale qui vient de resserrer les liens déjà si intimes qui unissaient la France et le Portugal, ces calomnies ont atteint un degré d'acuïté tel qu'on se demande, en vérité, qui est plus à plaindre de ceux qui les propagent ou de ceux qui en sont victimes.

Et, chose inouïe, c'est au moment précis où on chasse les princes de leur pays, où, citoyens français, on leur interdit le sol de cette France qu'ils ont défendue les armes à la main ; c'est à ce moment, dis-je, qu'on leur prodigue comme à plaisir l'outrage et qu'on s'efforce de les diminuer.

Comme c'est grand! surtout, comme c'est habile!

Eh! quoi, encore une fois, ces prétendants n'ont aucune influence, ils sont ravalés devant l'opinion; et vous faites à ces vulgaires ambitieux l'honneur d'une expulsion décrétée par voie législative? à ces hommes sans prestige, vous daignez ajouter le renom incontestable qui s'attache à tous ceux que vous persécutez?

Etrange anomalie, vous l'avouerez, et qui a tout lieu de surprendre.

Expulsez-les, soit, ces princes qui vous donnent le trac le plus intense que jamais gouvernants aient connu; édictez des peines pour prévenir un retour dont la seule pensée vous glace;... mais, du moins, ne les insultez pas au moment de partir, et surtout n'élevez pas contre eux un passé fait tout entier de grandeur, d'abnégation et de sacrifice.

Oh! n'exilons personne, oh! l'exil est impie!

s'est écrié quelque part le poète inspiré dont vous célébriez il y a quelques jours l'anniversaire.

Que dirait-il aujourd'hui, en présence de vos lois d'exception et du terrible précédent que l'on prépare?

Est-ce là l'attitude de politiques sûrs de leur force et confiants dans l'influence qu'ils exercent? est-ce là le rôle par lequel vous deviez finir après avoir si misérablement commencé?

Les princes! Mais, vous les grandissez de cent coudées, je vous le répète, et la réclame que vous leur faites, réclame de persécutions ou réclame de calomnies, est encore un honneur.

Etre attaqué par vous qui n'avez rien

laissé debout de tout ce qui est grand, respectable, sacré; être injurié par vous qui prodiguez chaque matin l'outrage à tout ce qui est bon, à tout ce qui est beau, à tout ce qui est vrai;... mais aux yeux du pays, c'est acquérir de nouveaux droits à son estime et forcer une admiration qui, hier encore, peut-être, hésitait.

Les millions des d'Orléans, les d'Orléans qui n'ont jamais mis le sabre au clair..., vous n'avez que cela à la bouche, c'est votre tarte à la crème, et... vous en abusez étrangement.

Ils vous agacent, ces princes, comme l'avouait ingénûment la *Lanterne*. Et comme ils sont trop grands pour votre taille, vous essayez de les abaisser à votre niveau.

Mais pensez-vous sérieusement que la France — la grande, celle qui ne se contente pas du bruit de vos gazettes — se laisse prendre à toutes ces jongleries? pousseriez-vous la naïveté au point de croire que le suffrage universel puisse longtemps en être la dupe?

Vous la connaissez mal cette France, mes maîtres, et vous la calomniez, elle aussi.

Vous reviendrez chaque jour à la charge, dites-vous; soit! nous ne nous lasserons pas à ce jeu, et la riposte suivra toujours l'attaque.

Ce n'est pas à l'Histoire que nous ferons un procès, car nous n'avons rien à craindre d'elle; c'est à ceux qui essaient d'en dechirer ou d'en dénaturer les pages.

Ce n'est pas, non plus, nos princes que nous défendrons. Ce serait, à notre tour, leur faire une cruelle injure! Ils sont placés trop haut dans l'estime publique pour que vos éclaboussures puissent les atteindre.

C'est la France monarchique, qui récemment avait l'insigne honneur d'être traînée sur la claie par le cabaretier d'Anzin et le président du conseil, que nous ferons juge; et qu'il s'agisse de millions ou de patriotisme, nous sommes de ceux qui ne craignent pas de lui faire appel.

II

Jamais, croyons-nous, et ce sera leur plus grand titre devant l'impartiale histoire, princes ne furent plus abreuvés de calomnies et d'outrages que les princes de la branche cadette.

On a beau dire et répéter que « la France ne les connaît pas et qu'ils ne connaissent pas la France », par une contradiction que nous aurons l'occasion d'expliquer plus tard, on éprouve le besoin de parler d'eux..., et, chose curieuse, ce ne sont pas les feuilles républicaines qui se montrent les moins ardentes.

C'est qu'il y a loin de la coupe aux lèvres...!

On croit volontiers ce qu'on désire, et, pour peu que l'intérêt y prédispose, on arrive plus vite encore à prendre pour une réalité ce qui, en somme, n'est que le vain mirage d'illusions entretenues à grands frais.

Si on parle des princes, si on les attaque, si on les calomnie, c'est que ces illustres inconnus (?) ne le sont pas autant qu'on se plaît à le dire... C'est, au contraire, ce nous semble, parce que le pays les connaît trop, qu'il se rappelle trop facilement et trop fréquemment la grandeur et le prestige de cette Maison de France sans rivale en Europe, qu'on éprouve le besoin de fausser son jugement et de lui persuader — le mot a été écrit! — que les princes d'Orléans ne sont après tout que de vulgaires intrigants doublés de pas mal d'alphonsisme...

Ah! nos adversaires n'y vont pas de main morte; ils nous font bonne mesure, et si « l'échine historique » ne se ressent pas « des volées de bois vert » qu'ils lui administrent, ce n'est ni la faute de leur ardeur ni celle des matériaux qu'ils emploient.

Le lendemain les retrouve aussi dispos que la veille, et si l'histoire ne succombe pas à ce jeu, c'est qu'en somme elle a bon dos, et, comme on dit vulgairement, qu'elle en a l'habitude.

Toujours est-il que la calomnie peut faire son chemin et trouver des dupes.

Si les princes la dédaignent, s'ils croient, et avec raison, ne pas devoir y répondre, il appartient à ceux qui les soutiennent de ne pas la laisser se propager.

Les appréciations des contemporains ne sont jamais exemptes, et cela se conçoit, de parti pris et de passion : qu'on laisse certaines accusations sans réplique; elles feront boule de neige, en profitant de l'audace croissante de ceux qui les inventent, de la crédulité publique, et du silence qu'on aura gardé.

Cela ne doit pas être, cela ne sera pas!

Nous comptons sur nos princes pour arracher la France aux rastaquouères qui la ruinent et la déshonorent ; eux, de leur côté, peuvent compter sur nous pour apprendre au grand public que l'on trompe, tout ce que la haine et la peur réunies peuvent inspirer à des gens que nul souci de la vérité et qu'aucun scrupule ne retiennent.

C'est moins au nom des princes eux-mêmes, nous le répétons, que nous accomplissons cette œuvre vengeresse qu'au nom de l'histoire, de l'honnêteté et de la bonne foi, également outragées par les républicains de tout crin et de tout poil.

Nous ne convaincrons pas nos adversaires, c'est certain — il n'est pire sourd que celui qui ne veut pas entendre! — mais le pays, lui, aura entendu les deux cloches et, des deux sons, il nous dira celui qu'il préfère.

Nous ne demandons pas autre chose..... pour le moment.

III

Avant d'aborder d'une façon plus spéciale les griefs invoqués contre les princes qui ont l'insigne honneur de représenter la Maison de France, il nous semble nécessaire, ne serait-ce que comme complément à notre courte esquisse historique, de dire quelques mots du roi Louis-Philippe et des injures que d'obscurs sous-vétérinaires adressaient récemment en plein Parlement à sa mémoire.

Les deux questions ont plus de connexité qu'on ne pense, et la preuve c'est que nos adversaires ont cru devoir les associer lors du dépôt du projet d'expulsion.

Si on reproche à Mgr le comte de Paris le mariage de Madame la princesse Amélie avec l'héritier présomptif de la couronne de Portugal ; si, dans le duc de Chartres on veut frapper le héros modeste qui, l'année terrible, sous le nom de Robert le Fort, affrontait vaillamment les balles prussiennes dans les rangs des soldats de Faidherbe, on ne peut pardonner au grand-père d'avoir donné à la France dix-huit années de grandeur, d'abondance et de liberté,

Il ne faut pas que le peuple sache ces choses : si, parmi la génération actuelle, le nombre est grand de ceux qui ont connu la famille d'Orléans à cette époque brillante de son histoire ; si, pour beaucoup, les noms de Joinville, Nemours, Aumale sont comme l'évocation de la radieuse épopée nationale, il faut du moins que ceux qui viennent après, que les jeunes, ne puissent parcourir ce livre d'or et frémir d'orgueil en en tournant les pages.

Basile connaît son métier; il en sait toutes les ressources.

— Louis-Philippe? — « Moins que rien, mes amis, un roi prétendu bourgeois qui n'a apporté à la France que déceptions, roubles et ruines. »

Ce n'est pas plus difficile, et les jeunes générations peuvent digérer cette manne avec autant de confiance que ceux qui la leur servent mettent d'astuce à la préparer.

Seulement, tôt ou tard, la vérité historique reprend ses droits, en dépit des pédagogues républicains et de leurs manuels.

On peut injurier Louis Philippe ; on peut dire en reprenant le mot de Lamartine, « que la révolution qui l'a renversé a été la révolution du mépris ».

Ces déclamations il faut les étayer sur des faits et leur donner la sanction historique.

Il y aurait une comparaison à faire entre le prestige dont la France jouissait avant cette date fatidique du 24 février 1848, et celui dont elle a joui depuis, dont elle jouit maintenant.

Il serait piquant, au point de i lomatique surtout, d'établir un parallèle entre les ministres d'alors et les « polichinelles » d'aujourd'hui, comme les appelait le brave amiral Courbet qui se connaissait en hommes.

Nous n'aurions pas besoin d'une démonstration bien longue pour prouver que du jour où la France a eu renversé la monarchie de Juillet, elle a tourné le dos à la liberté, à la sécurité et à la grandeur véritable.

Mais le cadre que nous nous sommes imposé ne nous permet pas ces développements, auxquels, du reste, peuvent suppléer nos lecteurs.

Bornons-nous à dire où en était la France à la veille de cette révolution de 48, que la République de 1886 vient de revendiquer avec tant d'à-propos en inscrivant au grand livre de la dette publique les émeutiers qui y ont pris part.

Le tableau est tracé de main de maître : il est extrait de la chronique de quinzaine de la *Revue des Deux Mondes*, et il a paru dans le numéro portant la date du 14 février 1848 :

La liberté modérée, la liberté cherchant ses meilleures garanties dans son union avec la monarchie, dans un contrat synallagmatique entre les gouvernements et les peuples, tel est le spectacle que nous offre partout l'Europe, au nord comme au midi. C'est la charte française qu'on consulte, qu'on reproduit : on se modèle sur nous, on se règle sur notre marche, on s'arrête là où nous avons jeté l'ancre. En 1830, nous semblions isolés en Europe ; en 1848, tout le monde veut nous ressembler. La paix a donc aussi sa propagande et ses impulsions victorieuses. Il se trouve que, par la force des choses, nous sommes à la tête de tous les peuples du continent, de leur aveu même, puisqu'ils travaillent à nous rejoindre : situation excellente qui, sans blesser personne, nous investit d'une puissance singulière. Cette puissance, il ne faut pas en abuser, mais nous devons nous en servir avec habileté et modération. Quel est aujourd'hui le gouvernement étranger qui pourrait concevoir la pensée d'exciter les peuples, de tenter une croisade contre la France? Partout l'amour d'une sage liberté nous donne des alliés, des émules dans la pratique du régime représentatif. Les institutions qui s'élèvent sont autant de boucliers qui nous couvrent.

Chose digne de remarque : cette appréciation de la *Revue des Deux-Mondes* était corroborée à l'étranger le 24 du même mois.

Le 24 février, le chancelier de l'empire russe, comte de Nesselrode, envoyait à lord Palmerston un *caveant consules* dans les termes qui suivent :

« La France aura gagné à la paix plus que ne lui aurait donné la guerre. Elle se verra environnée de tous côtés par un rempart des états constitutionnels organisés sur le modèle français, vivant de son esprit, agissant sous son influence. »

Et M. de Montalivet, à qui nous empruntons ce souvenir, ajoutait :

« Tel était, tel devait être, en effet, l'invincible effet de cette politique non moins persévérante que généreuse, ennemie des révolutions démagogiques, amie des évolutions libérales, qui avait donné à la France dix-sept années d'une paix aussi digne que féconde. »

Et maintenant que les défenseurs du

régime actuel brossent, s'ils le peuvent, une toile rivalisant avec celle que nous venons de faire passer sous leurs yeux.

Ou plutôt qu'ils continuent leurs calomnies, puisqu'elles nous procurent l'inappréciable avantage de signaler l'œuvre accomplie par nos princes, puisqu'elles nous permettent de mettre en relief son patriotisme et sa grandeur.

IV

Au début, ou pour mieux dire dans les premières pages de son admirable livre sur Louis-Philippe, M. de Montalivet, dont nous citions le nom tout à l'heure, s'exprime ainsi : « Dénaturer certains faits, grossir les autres, en inventer enfin de matériellement faux, tels étaient les procédés par lesquels on s'efforçait chaque jour de pervertir l'opinion publique, en la soulevant contre l'homme et le père de famille en même temps que contre le monarque. »

Ces procédés des adversaires de la monarchie d'hier sont encore les procédés des adversaires de la monarchie de demain ; si les circonstances ont changé, la tactique est restée la même.

Voyons-les donc, une bonne fois, ces fameux griefs, et expliquons-nous franchement sur ce que certains fumistes ont appelé solennellement les bassesses des d'Orléans.

Au premier rang, nous trouvons les millions confisqués par l'Empire en 1852 — vous savez... le premier *vol* de l'aigle! — et restitués EN PARTIE par l'Assemblée nationale de 1872.

Ah! les millions des d'Orléans! voilà le

grand cheval de bataille des républicains, et ils n'en descendront pas facilement, je vous l'assure.

Nos lecteurs nous permettront de nous étendre sur cette question ; elle en vaut la peine. Quant à nos adversaires, ils ne trouveront pas mauvais, s'ils sont de bonne foi, que nous donnions à notre réplique les développements que justifient et au-delà la fréquence et l'énervante monotonie de leurs attaques.

Et d'abord, les princes d'Orléans ont-ils réclamé ces millions qu'on leur jette tous les jours à la face? peut-on produire une pièce, *une seule*, établissant que l'un d'eux ait fait la moindre démarche dans ce sens?

A ce double point d'interrogation on peut répondre hardiment par la négative.

Lorsque, par une monstrueuse violation du droit de propriété, un décret prononça la confiscation de tous les biens qui composaient la fortune particulière du roi Louis-Philippe, une partie des immeubles confisqués fut vendue, et il n'est pas douteux qu'on aurait dû en restituer le prix aux princes si on leur avait appliqué le même traitement qu'aux victimes du 2 Décembre.

Les biens restitués représentaient une valeur de 40 millions. La somme qui leur était due était au moins trois fois supérieure à ce chiffre, et, s'ils ne l'ont pas touchée, c'est que, par un sentiment de délicatesse qui les honore, ils n'ont pas voulu que la France pût, de près ou de loin, supporter les conséquences de cette restitution.

Cette affaire de la confiscation et de la restitution des biens de la famille d'Orléans a été du reste solennellement jugée, puisque c'est le Parlement qui en a été saisi, puisque c'est la Nation, elle-même, par la voix de ses mandataires, qui a rendu l'arrêt.

Les preuves de ce que nous avançons sont au *Journal officiel* de 1872, et nos adversaires pourront, à loisir, y contrôler l'exactitude de nos citations.

En 1872, l'honorable M. Robert de Massy, député *républicain* du Loiret, aujourd'hui sénateur, le père de l'ancien préfet *républicain* des Basses-Pyrénées, s'exprimait ainsi dans son rapport à l'assemblée nationale :

C'est le sentiment d'une SOUVERAINE INIQUITÉ *qui, à l'apparition du décret du 22 janvier 1852, excita* UNE RÉPROBATION GÉNÉRALE... Votre commission a étudié tout ce qui a été publié sur cette grave question, même les écrits anonymes ; *elle le dit hautement, en toute sécurité de conscience : le décret du 22 janvier 1852,* pour le qualifier d'un nom réprouvé par nos mœurs, banni de nos lois et dont le bon sens public l'a déjà flétri, *n'a été qu'une confiscation ! Il a été une confiscation sans exemple,* car ses effets remontaient rétroactivement à vingt-deux ans en arrière.

De son côté, l'honorable M. Pascal Duprat, notre compatriote, s'écriait, dans la séance du 22 novembre 1872 :

J'applaudis comme vous tous, messieurs, à la pensée qui a inspiré le projet de loi qui vous est soumis : *c'est une pensée de réparation et de justice. Les décrets spoliateurs du 22 janvier avaient atteint le droit inviolable de propriété, méconnu les règles fondamentales de nos lois, et, je puis ajouter,* BLESSÉ PROFONDÉMENT LA CONSCIENCE PUBLIQUE. »

Et l'honorable M. Brisson, ancien président de la Chambre, ancien ministre, président du conseil, ajoutait dans la séance du lendemain 23 novembre :

> Pas plus que l'honorable M. Pascal Duprat, je n'ai la pensée de défendre les décrets du 22 janvier 1852, et les honorables amis de la maison d'Orléans se rappellent peut-être que *ces décrets, au moment où ils furent rendus, ne soulevèrent pas, dans le parti républicain, moins de réprobation que chez eux-mêmes.* ILS NOUS BLESSAIENT PARCE QU'ILS ÉTAIENT UN ATTENTAT A LA PROPRIÉTÉ.

On le voit, il y avait unanimité, aussi bien dans le pays qu'à l'Assemblée pour flétrir la mesure qu'on allait réparer.

C'est *spontanément* que le gouvernement républicain de 1871 proposait la mesure de justice ; c'est spontanément que les représentants de la Nation voulurent l'accomplir.

Non, certes, ce n'est point « avec des histoires que l'on fait l'histoire » ; aussi, sommes-nous en droit de nous étonner, quand nous voyons des écrivains sérieux ou du moins considérés comme tels, essayer de dénaturer un acte aussi simple et, disons-le, aussi légitime.

ATTENTAT A LA PROPRIÉTÉ! disait M. Brisson. Aujourd'hui une commission parlementaire adopte par 6 voix contre 5 le principe de cette même confiscation : Basly et Freycinet marchent de front en face de l'Europe, et le décret impérial est à la veille d'être repris par les mêmes hommes qui le flétrissaient la veille.

Comme elles sont vraies ces paroles de Joseph de Maistre :

« On a remarqué avec grande raison que

la Révolution mène les hommes plus que les hommes ne la mènent. Les scélérats même qui paraissent conduire la Révolution n'y entrent que comme de simples instruments, et dès qu'ils ont la prétention de la dominer, ils *tombent ignoblement!* »

V

C'est *spontanément,* avons-nous dit, que l'Assemblée nationale restitua aux princes des biens qui leur avaient été indûment confisqués par le décret de 1852.

Ce point est d'une importance capitale dans la discussion ouverte par nos adversaires, puisqu'il constitue comme l'axe autour duquel ils font graviter leurs attaques de tous les jours.

Donc, c'est *spontanément,* nous le répétons, que cette restitution a été offerte à la famille d'Orléans ; les princes l'ont acceptée, comme c'était leur droit, mais jamais, soit verbalement soit par écrit, ils ne l'ont sollicitée. Voilà ce qu'il faut bien qu'on sache et ce qu'il nous sera du reste facile d'établir.

Car, qu'on ne s'y trompe point, ce ne sont pas là des affirmations plus ou moins risquées des amis des princes, des moyens de défense plus ou moins gratuits inventés par leurs partisans.

Non, ici encore, c'est le *Journal officiel* qui vient contrôler nos dires; c'est l'honorable rapporteur de l'Assemblée nationale qui se charge de rétablir l'exactitude des faits.

Après avoir rappelé dans son rapport du 9 mars 1872 que la loi de restitution proposée repose sur « CE PRINCIPE DE PROBITÉ VULGAIRE QUI NE PERMET PAS DE S'ENRICHIR AUX DÉPENS D'AUTRUI », M. Robert de Massy continuait en ces termes :

Il existe aujourd'hui cinquante-et-un descendants directs du roi Louis-Philippe, dont les fortunes sont sans doute inégales et diverses; AUCUN D'EUX, C'EST JUSTICE, MESSIEURS, DE LE DIRE A LEUR HONNEUR, N'A ADRESSÉ UNE DEMANDE, SOIT AU GOUVERNEMENT, SOIT A L'ASSEMBLÉE. Vous vous rappelerez qu'à la séance du 15 septembre dernier, un de nos honorables collègues, M. le comte de Mérode, demanda dans la discussion du budget rectificatif, que l'Assemblée, *au nom de la justice et de la probité,* n'autorisât pas, au profit du Trésor, une recette ayant pour origine le décret du 22 janvier 1852. A cette demande, le ministre des finances répondit que le gouvernement préparait le projet qu'il a présenté peu de temps après; ce projet vous propose UNIQUEMENT *et* EXCLUSIVEMENT *la restitution des* BIENS NON ALIÉNÉS *jusqu'à ce jour.* Telle est l'origine et la portée de la question qui vous est soumise.

S'éleva-t-il une protestation, *une seule,* en face des affirmations de M. Robert de Massy? une seule contradiction peut-elle être relevée à l'*Officiel?* Que les républicains d'aujourd'hui répondent, ou plutôt qu'ils avouent, en modifiant quelque peu le mot de l'auteur des *Provinciales,* que la passion a ses raisons que la raison ne connaît pas.

Il a semblé à votre commission, continuait l'honorable rapporteur, que, renfermée dans ces limites, la réparation offerte ne pouvait susciter aucune controverse. Ce qui vous est proposé, *c'est purement et simplement de rendre à autrui ce qui appartient à autrui; de ne pas conserver dans les mains de l'Etat ce qui n'a jamais été à l'Etat, sans néanmoins mettre à la charge de la France épuisée par les effroya-*

bles désastres qu'elle doit à l'Empire, la réparation entière d'un acte qu'elle répudie.

Qu'on le comprenne bien, il ne s'agit pas d'indemniser la famille d'Orléans d'une spoliation dont la responsabilité pèse tout entière sur son auteur ; IL S'AGIT DE DÉLAISSER CE QUI EST A ELLE, *non de lui fournir l'équivalent de ce qui a été consommé et dissipé.*

Ainsi donc, le projet de loi, ce n'est pas la réparation, l'indemnité de la spoliation de 1852 : c'est la restitution aux princes d'une partie seulement — la moitié — de leur fortune. On ne leur rend pas *tous* les biens confisqués; on leur restitue purement et simplement les propriétés qui n'ont pas été vendues, qui existent encore en nature, et qui, par conséquent, peuvent être enlevées à l'Etat sans qu'il en coûte rien au Trésor public.

Et c'est sur le désir des princes, d'après leurs conditions formelles, que cette restitution tronquée a lieu.

C'est SOIXANTE-DIX MILLIONS qu'on leur doit; mais ils n'acceptent pas cette somme, parce qu'elle grèverait le budget et pèserait lourdement sur les contribuables.

M. Madier de Montjau, qui tonne contre les millions des d'Orléans; nos confrères de la presse radicale et opportuniste — alliés d'une heure! — qui s'indignent chaque matin contre « la cupidité » de la branche cadette, connaissent-ils l'article 3 de la loi dont M. de Massy était rapporteur?

Il est à croire que non. Que dit, en effet, cet article? Nous citons :

ART. 3. — Conformément à *la* RENONCIATION OFFERTE *par les héritiers du roi Louis-Philippe avant la présentation de la présente loi,* et réalisée depuis, aucunes répétitions ne pourront être exercées par eux contre l'Etat, soit par suite de l'exécution des décrets du 22 janvier 1852, soit pour toute autre cause antérieure à ces décrets.

Est-ce assez clair et l'éloquence des faits fut-elle jamais plus complète et plus décisive?

Le pays a entre les mains les pièces du procès; nous attendrons avec confiance son verdict.

VI

Il nous reste, pour en avoir fini avec cette question des « millions des d'Orléans », à examiner en quoi consistaient ces biens, leur importance au moment du décret de 1852, et leur valeur effective au jour où les princes rentrèrent en leur possession, c'est-à-dire au lendemain de la loi de 1872.

Nous n'avons pour cela qu'à nous reporter aux documents officiels, qu'à copier textuellement et sans en omettre une virgule, l'exposé des motifs du projet de loi dont M. Robert de Massy était rapporteur.

Des documents fournis à l'Assemblée nationale, il résultait que l'administration s'était approprié en 1852 une valeur d'environ QUATRE-VINGTS millions, dont la MOITIÉ à peu près avait été aliénée par elle.

La valeur des biens réunis au domaine, dit en effet le rapport présenté à l'Assemblée nationale, excédait 80 millions.

Et M. de Massy ajoutait :

Un état des nombreuses ventes réalisées chaque année depuis 1853 jusques et y compris 1870, a été fourni à votre commission par le ministre des finances ; le total du prix de ces ventes s'est élevé à 35,892,849 fr. 02. Cette somme a été entièrement encaissée par le Trésor, à l'exception de différentes fractions montant, au total, à 880.107 fr. 06, qui sont encore dus par plusieurs acquéreurs.

Outre les sommes ainsi touchées par le Trésor pour prix des biens vendus, l'Etat a perçu, pour produit des coupes de bois depuis 1852, une somme totale de 18.601.019 fr.

De ces indications il résulte : 1° que sur les immeubles réunis au domaine de 1852, la moitié à peu près a été aliénée et l'autre moitié est entre les mains de l'Etat; 2° que le Trésor a encaissé, pour le prix des immeubles vendus et pour les coupes de bois exploités, SANS TENIR COMPTE DE TOUS LES AUTRES REVENUS, plus de 53 millions.

Ainsi donc, en 1852, les biens confisqués avaient une valeur *constatée* de QUATRE-VINGTS millions. Sur ces biens l'Etat en avait aliéné, dès 1853, pour près de TRENTE-SIX millions.

Si, ainsi que le faisait jadis remarquer l'honorable M. Bocher, « on tient compte du montant des intérêts et revenus, on voit que la somme de 36 millions touchée par l'Etat s'est assurément doublée pendant cette période, et qu'elle représente pour lui un bénéfice net d'au moins SOIXANTE-DIX millions. »

Cette somme, les princes N'EN ONT PAS VOULU, et cette renonciation, ils l'ont fait inscrire de la façon la plus formelle dans l'article 3 de la loi que nous avons eu déjà l'occasion de citer.

Quarante-cinq millions ont été restitués aux princes de la branche cadette, et cet acte de réparation, « qui était en même temps un acte de justice », n'a pas coûté un centime au trésor.

Voilà la vérité historique! Elle venge suffisamment les spoliés de 1852, que de stupides légendes cherchent à représenter comme les spoliateurs de 1871.

Encore une fois, la Maison de France n'avait rien à perdre dans le débat que ses adversaires ont cru devoir ouvrir.

Si nous avons donné à ce débat des proportions aussi considérables, c'est que nous savions par avance que la personnalité de nos princes ne pouvait que gagner à être mise en pleine lumière, et qu'il est des attaques qui grandissent ceux qui en sont l'objet.

CONCLUSION

Est-il vraiment nécessaire d'en faire une?

La cause n'est-elle pas entendue? l'iniquité n'est-elle pas jugée?

Faut-il, pour compléter une défense désormais inutile, rappeler la bravoure déployée par Mgr. le Comte de Paris lors de la guerre pour l'abolition de l'esclavage en Amérique? les faits d'armes du duc d'Aumale en Algérie? le dévouement héroïque de Robert le Fort (duc de Chartres) pendant l'année terrible? les grands souvenirs qu'évoquent les noms de Joinville et de Nemours?

Faut-il redire ici le mot de Louis-Philippe — le héros de Jemmapes! — mourant, à son petit-fils — le roi de demain! — : « Mon enfant, il faut aimer la France plus que la gloire? »

Pour que cette énumération fût complète, pour que chacun de nos princes y occupât la place d'honneur à laquelle il a droit, il faudrait refaire l'histoire de la dernière moitié de ce siècle.

Nous comprenons que la République ait eu peur de tels hommes, et qu'entre les souvenirs glorieux de quarante générations qui planent sur eux et la France, elle ait voulu placer la barrière de l'exil.

Mais après. Mais demain?

Car la mesure en elle-même n'est rien, et ce sont les conséquences qu'il faut entrevoir.

Vous avez chassé l'homme : mais les principes qu'il incarne en sa personne, avez-vous la prétention de les reconduire à la frontière? Vous avez mis le prince en interdit, soit encore; mais ses partisans, y avez-vous songé?

Avez-vous réfléchi que derrière *le* ou *les* prétendants que vous frappez, il y a trois millions cinq cent mille Français, qui au mois d'octobre dernier, approuvaient leur politique? avez-vous envisagé l'agitation qui va suivre la mesure que vous venez de prendre?

Vous vous êtes imaginé que la France allait se laisser faire, et qu'il vous suffirait d'un trait de plume pour mettre à l'abri le proconsulat de M. Jules Grévy! Plaisante erreur, en vérité, et qui montre bien à quel degré d'affolement vous êtes réduits...

Parce que les libéraux ont supporté jusqu'ici sans se plaindre la série déjà longue de vos persécutions, vous vous figurez qu'il en sera de même de la dernière, et que le départ de la maison de France aura aux yeux du pays tout juste l'importance d'un fait-divers?

Prenez garde que cette expulsion ne devienne pour vous la goutte d'eau qui fait déborder le vase; qu'en face de cette proscription injustifiée, le grand parti conservateur, déjà si uni, et si compact, ne voie ses rangs grossir encore et ses bataillons se renforcer de nouvelles recrues.

C'est facile de cracher l'injure à des princes qui dédaignent de répondre, et de leur prêter les basses passions qui animent vos maltotiers politiques; ce qui l'est moins, par exemple, c'est de donner le change au pays qui les a vus à l'œuvre, qui les connait de longue date, et qui sait ce qu'il doit penser de toutes les pétarades que vous exécutez sous ses yeux.

Si les prétendants sont si méprisables encore une fois, si leurs alliances et leurs relations comptent pour si peu, si ces bourgeois sans noblesse et sans dignité ne sont qu'une quantité négligeable, pourquoi alors, de gaité de cœur, leur donner une auréole et les grandir par une mesure de *salut public?*

Car le mot a été prononcé!

Et ce sont les mêmes hommes qui depuis dix ans ont épuisé toutes les vilenies, toutes les persécutions, toutes les lâchetés; qui ont acculé la patrie à la situation la plus lamentable qu'elle ait jamais connue, qui viennent aujourd'hui nous parler de mesures à prendre pour assurer sa sécurité et sauvegarder son honneur!

C'est de l'audace!

Avouez donc plutôt que vous avez peur, que vous tremblez pour le lendemain, et que ce qui vous effraye, ce n'est pas tant ce roman d'une conspiration, par vous inventée, que cette autre conspiration — véritable et permanente celle-là — de la France conservatrice qui se réveille et commence à secouer ses chaînes.

Elle se rit de vos décrets, celle-là ; elle contemple avec dédain votre arsenal extra-judiciaire, car l'heure n'est pas loin où elle aura la France entière pour complice.

H. REMY DE SIMONY

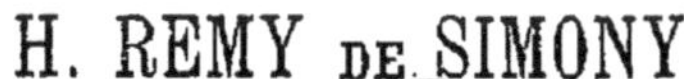

Bayonne. — Imprimerie Lasserre, rue Gambetta, 20.

www.ingramcontent.com/pod-product-compliance
Ingram Content Group UK Ltd.
Pitfield, Milton Keynes, MK11 3LW, UK
UKHW012305240726
13966UKWH00004B/1636